50米跑学练测一本通

王雄 朱昌宇 主编

人民邮电出版社
北京

图书在版编目（CIP）数据

50米跑学练测一本通 / 王雄，朱昌宇主编. -- 北京：人民邮电出版社，2024.3
ISBN 978-7-115-62713-1

Ⅰ. ①5… Ⅱ. ①王… ②朱… Ⅲ. ①短跑一运动训练 Ⅳ. ①G822.12

中国国家版本馆CIP数据核字(2023)第196597号

内 容 提 要

50 米跑测试是学生体质健康测试及体育考试中的重要项目，可通过强化爆发力和速度耐力，改进跑步动作，增强手臂、下肢和核心的力量，以及改善快速反应能力，有效提高测试成绩。

本书针对 50 米跑测试，首先从“怎么测”的角度介绍了测试规则、要点提示及影响因素在内的基础知识，接着从“怎么练”的角度讲解了测试成绩不合格的常见原因和技术训练方法，并提供了为期 6 周的日常提升训练方案，以及为期 3 周的突击训练方案。学生家长、体育老师、儿童青少年体能教练等可根据学生的实际情况和需求，参考或直接使本书内容进行指导。

◆ 主　　编　王　雄　朱昌宇
　责任编辑　刘　蕊　宋高波
　责任印制　彭志环
◆ 人民邮电出版社出版发行　　北京市丰台区成寿寺路 11 号
　邮编　100164　电子邮件　315@ptpress.com.cn
　网址　https://www.ptpress.com.cn
　北京宝隆世纪印刷有限公司印刷
◆ 开本：880×1230　1/32
　印张：3.75　　2024 年 3 月第 1 版
　字数：119 千字　　2024 年 3 月北京第 1 次印刷

定价：39.80 元

读者服务热线：(010)81055296　印装质量热线：(010)81055316
反盗版热线：(010)81055315
广告经营许可证：京东市监广登字 20170147 号

目录

第1章 50米跑怎么测?

第2章 50米跑日常怎么练?

第 3 章 50 米跑突击怎么练？

第 1 章

50 米跑怎么测？

50米跑是直线短跑项目，能综合评价个体的移动速度、反应速度和灵敏性等身体素质的水平，还能在一定程度上反映测试者中枢神经系统的机能状态和神经、肌肉的调节功能。在50米跑测试中，起跑指令发出时开始计时，测试者躯干冲过终点线后停止计时，时间精确到0.1秒（按小数点后第2位数非0即进1的规则），所得时间即为50米跑测试成绩。测试期间，测试者不允许抢跑和串道。

测试规则

1 预备姿势

一般采用站立式起跑，听到“预备”的指令时集中注意力。

2 听清指令

听到“跑”的指令后，沿自己的跑道快速跑向终点线。起跑指令发出时开始计时。

3 计时规则

躯干冲过终点线后停止计时。测试成绩以秒为单位，精确到0.1秒。计时规则为小数点后第2位数非0则进1，例如，10.51秒会被计为10.6秒。

1.2 要点提示

测试前要做的准备

测试前应进行充分的热身，穿舒适的运动服和合适的跑鞋。

测试时的注意事项

1 起跑准备时，双脚不要踩实地面；集中注意力听起跑指令，不要抬头看裁判。

2 起跑后，慢慢地抬高重心，以防摔倒。

3 冲过终点线后再减速。

4 跑步过程中不可串道。

5 跑步时，身体不要过度前倾、后仰和左右晃动，双臂不要左右摆动。

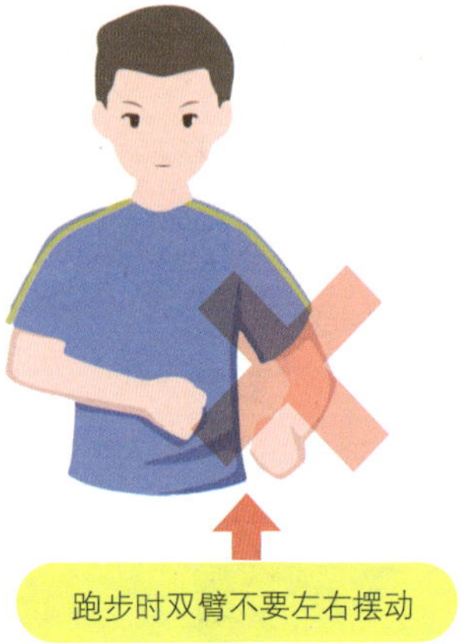

1.3 影响因素

爆发力和速度耐力决定了学生在50米跑测试中快速达到较快速度并保持速度的能力，对50米跑测试成绩产生决定性的影响。此外，跑步动作和下肢、手臂以及核心力量关乎跑步过程中力的产生和传导，快速反应能力则决定学生对起跑指令的反应速度。它们也会对50米跑测试成绩产生一定的影响。

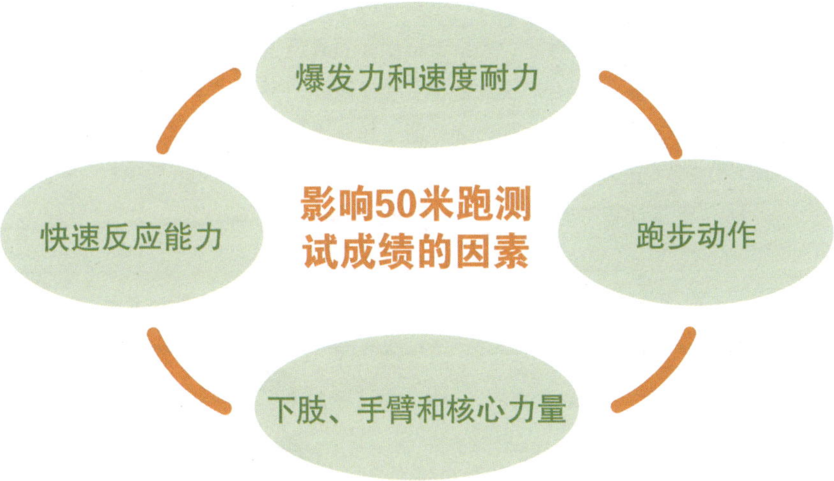

爆发力和速度耐力

爆发力指人体在短时间产生高功率输出的能力。它不是一种单一的身体素质，而是力量和速度的组合。速度耐力指人体最大速度维持某些动作做功的能力。50米跑以无氧代谢为主，要求个体全程保持最快速度，是强度极高的跑步项目。在50米跑测试中，爆发力强的个体能更快地达到最快速度，速度耐力强的个体则能更持久地保持最快速度。因而，爆发力和速度耐力强的个体能在50米跑测试中占据优势。

跑步动作

不同类型的跑步项目，甚至同一类型跑步项目的不同阶段，都有最适合的跑步动作，使用合适的跑步动作有助于提高跑步的经济性并预防损伤。在50米跑测试中，个体应在主动上抬大腿后积极地向下、向后蹬，有助于从地面获得向前的推进力；躯干应保持在中立位，避免过度前倾、后仰或前后摆动，避免不必要的能量消耗；手臂和下肢应协调摆动，能够保证个体的协调与稳定。

下肢、手臂和核心力量

下肢力量是50米跑能力的基础，不仅直接可以作用于专项表现，还可以促进身体能力的提升，间接地将训练效果迁移到专项表现中。此外，在运动时，手臂和腿部的摆动是协调统一的，因此手臂主动快速、大幅度的摆动对腿部的蹬摆起着重要的驱动作用。而发展手臂力量有助于加快手臂的摆动频率和速度，所以增强手臂力量能够促进腿部的摆动，也就能在一定程度上提高50米跑测试成绩。增强核心力量则能够使躯干更加稳定，让跑步动作更协调、到位。

快速反应能力

快速反应能力指个体在短时间内识别刺激、做出判断，并执行动作的能力。在50米跑测试中，快速反应能力较强的个体能对起跑指令做出快速的反应，缩短起跑所用的时间，从而在该环节取得优势。

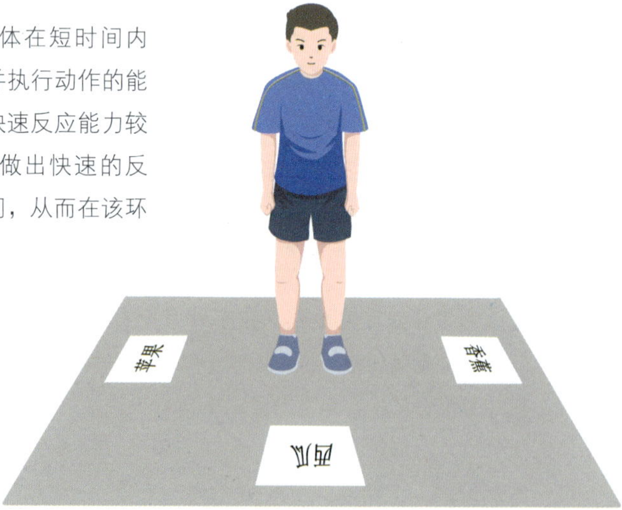

第 2 章

50 米跑日常怎么练？

一般来说，在50米跑的过程中，人体更多地依赖无氧能量系统供能，主要的供能系统为磷酸原系统（ATP-CP系统），其次为糖酵解系统。磷酸原系统用体内的三磷酸腺苷（ATP）、磷酸肌酸（CP）供能，其特点是供能速度快，但持续时间短，一般为10秒左右；糖酵解系统用体内的血液中的葡萄糖、肌糖原和肝糖原供能，当人体以无氧的状态进行运动时（如在50米跑和100米跑中），这种供能形式会使人体内产生乳酸，而大量堆积的乳酸会使肌肉疲劳、无力，使个体难以维持最快速度。因此，针对50米跑测试的训练应以强度高、持续时间短（10秒左右）的爆发性练习为主，以增强磷酸原系统供能的能力，同时辅以高强度、持续时间稍长（30秒左右）且间歇短的速度耐力性练习，以增强人体耐乳酸的能力，发展速度耐力。

跑不快的常见原因

起跑慢

起跑慢的学生主要存在两个问题：快速反应能力较差和起跑时不够专心。针对前一个问题，应组织学生进行快速反应能力提高的针对性训练。针对后一个问题，可以经常性地指导学生进行模拟测试，让他们逐渐养成在测试时全神贯注、不在准备起跑时左顾右盼的习惯，并且要在测试前反复提醒他们。

摆臂存在问题

学生的摆臂问题主要集中在两个方面：摆臂姿势错误和摆臂慢。解决前一个问题的办法是指导学生进行原地或行进间的摆臂练习，注意提示学生正确摆臂的要点，即手臂向前摆时不要越过身体中线。解决后一个问题的办法是在学生摆臂姿势正确的前提下，指导他们在摆臂练习中逐渐加快速度，同时进行一些上肢力量练习。

摆腿、落地存在问题

学生的摆腿、落地问题主要集中在两个方面：摆腿速度慢和双脚落地沉重。出现这两个问题的原因可能是下肢力量不足和跑步姿势错误，因此教师应指导学生进行一些下肢力量练习及短距离跑练习，在练习中不断提示学生正确跑步的要点。

未沿直线跑、左顾右盼

50米跑测试规定，整个过程中学生只能在自己的跑道上跑。然而有些学生跑步时会遗忘这一点，不沿直线跑，容易串道。还有些学生习惯在跑步时观察他人，尤其喜欢回头看他人距离自己还有多远，这会在一定程度上影响跑步速度，从而影响最终的成绩。因此，学生应在平时的训练中进行窄道跑、直线跑练习，从而养成良好的习惯。

未到终点线就减速

未到终点线就减速也是影响50米跑测试成绩的典型问题之一。针对这个问题，应指导学生进行距离稍长于50米的跑步练习，如70米冲刺跑。此外，应同样在模拟测试和正式测试前反复提醒学生要等到冲过终点线后再减速。

跑步技术训练

准备姿势

双脚前后开立，间距为一脚或一脚半的长度；抬起后脚脚跟；前膝屈曲，后膝微微屈曲；上半身向前倾，将重心放在前腿上，不可过度前倾。双臂呈摆臂状。

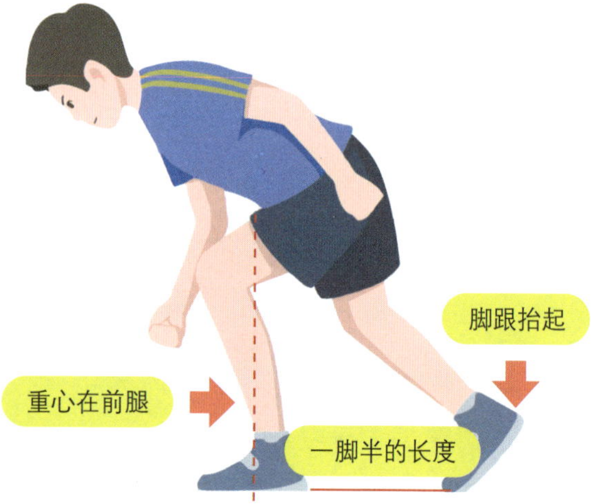

起跑

听到起跑指令后，前脚用力蹬地，后腿前摆，身体保持前倾，双臂积极、有力地前后摆动。

加速跑

在起跑后的前几步，双臂和双腿积极、充分地摆动，同时慢慢地抬高重心。在这个过程中注意用前脚掌着地。

途中跑

大腿主动向上抬，抬至最高点后积极地向下压，落地时双脚积极地“扒地”。双臂也要积极、有力地前后摆动。上半身处于中立位，保持平衡、稳定，避免晃动。

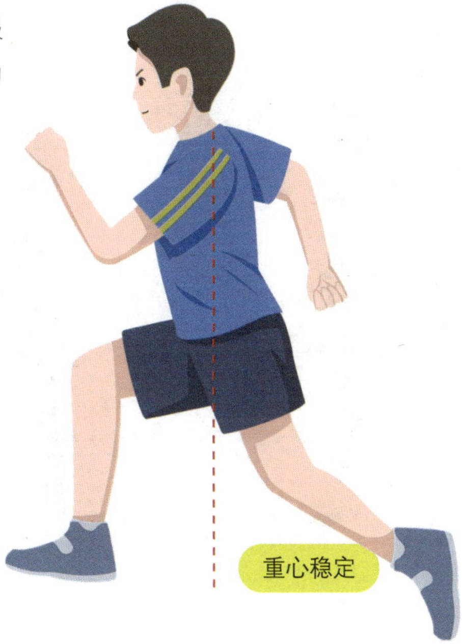

冲刺跑

跑至距终点线约2米的位置时，躯干加大前倾角度，全速冲过终点线后再减速。

2.3 6周日常提升训练方案

第1周日常提升训练方案

50米跑分解技术与心肺机能

1 ▶ 第 14 页

手臂钟摆

次数 8～10 次

组数 2

间歇 30 秒

2 ▶ 第 15 页

动态胸部扩张

次数 8～10 次

组数 2

间歇 30 秒

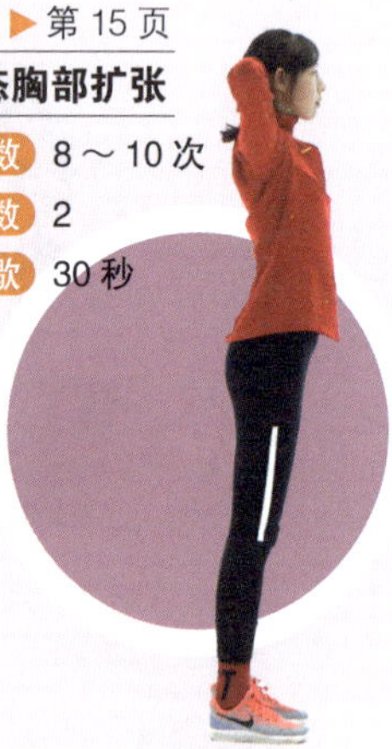

3 ▶ 第 16 页

下肢前后钟摆

次数 8～10 次 / 侧

组数 2

间歇 30 秒

4 ▶ 第 17 页

大字两侧屈

次数 8 次 / 侧

组数 2

间歇 30 秒～1 分钟

5 ▶ 第 18 页

快速反应游戏

次数 6 次

组数 2

间歇 2 分钟

1～4 → **5～10** → **11～12**

热身

利用游戏激发练习者的活力与专注性，注重50米跑的上、下肢技术；最后以有氧慢跑结尾，提升练习者的心肺机能。

整理

6 ▶第19页

站姿摆动手臂

次数 8～10次/侧

组数 2

间歇 1分钟

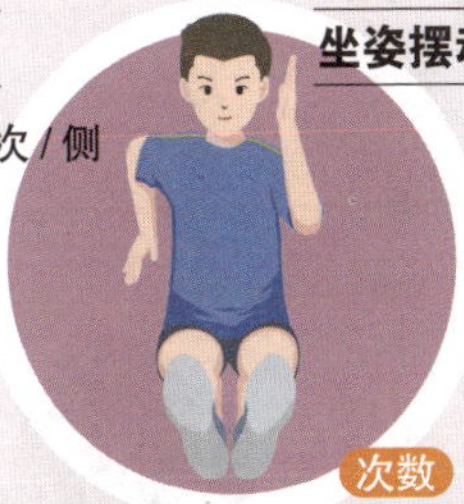

7 ▶第20页

坐姿摆动手臂

次数 8～10次/侧

组数 2

间歇 1分钟

8 ▶第21页

原地军步

次数 6～8次/侧

组数 2

间歇 1分钟

10 ▶第23页

慢跑

距离 200～400米

组数 3

间歇 3分钟

9 ▶第22页

弹力带深蹲后拉

次数 8次

组数 3

间歇 1.5分钟

11 ▶第24页

站姿肩部拉伸

时长 20～30秒/侧

组数 2

间歇 无

12 ▶第25页

跪式起跑者弓步

时长 20～30秒/侧

组数 2

间歇 无

第1周

动作1 手臂钟摆

训练目标	灵活性
训练部位	肩部
所需器材	无
主要肌肉	肩部肌群

POINT

手臂在做钟摆运动时，躯干始终朝向前方。

注意事项

双臂摆动的幅度可逐渐增大；摆动过程中，躯干尽可能保持不动。

1 双脚开立，与肩同宽，双臂保持伸直。

2 像钟摆一样前后摆动双臂，逐渐增加幅度，至规定的次数。

第1周

动作2 动态胸部扩张

训练目标	柔韧性
训练部位	胸部
所需器材	无
主要肌肉	胸大肌

POINT

不要弓背或塌腰。

1 双脚开立，与肩同宽，腹部收紧，挺胸抬头，目视前方。双臂屈肘，双手交叉置于头后。

2 双肘向后移动，直至胸部肌肉有一定程度的牵拉感。回到起始姿势，完成规定的次数或时间。

第1周

动作3 下肢前后钟摆

训练目标	灵活性
训练部位	髋部
所需器材	无
主要肌肉	髋部肌群

1 双脚开立，与肩同宽，双手叉腰，背部挺直。

2 膝关节伸直，抬起一侧腿，该侧腿前后摆动。重复规定的次数，换对侧重复上述动作。

第1周

动作4 大字两侧屈

训练目标	灵活性、柔韧性
训练部位	下肢、核心、肩部
所需器材	无
主要肌肉	下肢肌群、核心肌群、肩部肌群

POINT

动作过程中应有控制，速度不要太快。

注意事项

全程保持均匀呼吸。

1 身体呈直立姿势，核心收紧，背部挺直，双脚开立，略宽于肩，双臂伸直，自然垂于身体两侧，挺胸抬头，目视前方。

2 双臂同时侧平举，呈大字形，躯干前屈并向一侧偏转，一手触摸对侧脚尖，然后换对侧重复上述动作。两侧交替进行，完成规定的次数或时间。

第1周

动作5 快速反应游戏

训练目标 快速反应能力　训练部位 全身

所需器材 白纸、笔　主要肌肉 全身肌肉

POINT

可通过设置不同的信号、动作对应关系来改变游戏的难度。例如，以下对应关系的难度逐渐增加："西瓜"信号对应移动到"西瓜"白纸上；"绿色"信号对应移动到"西瓜"白纸上；"西瓜"信号对应移动到"香蕉"白纸上。

注意事项

全程保持均匀呼吸。

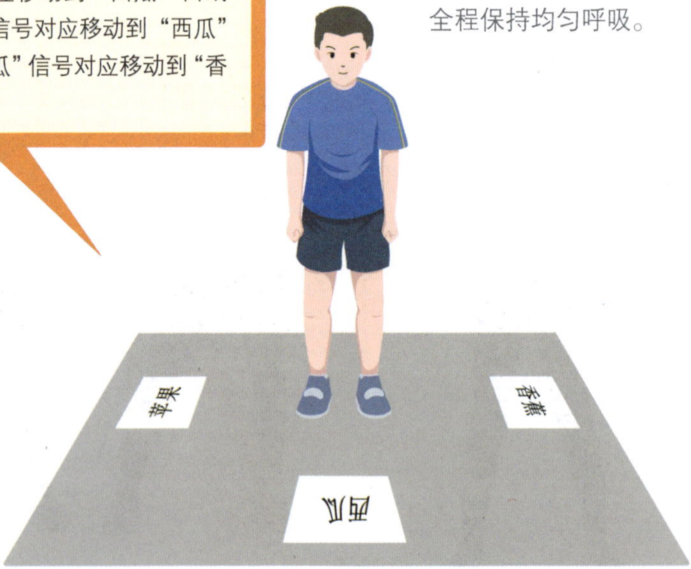

1 用笔在3张白纸上分别写下"苹果""香蕉""西瓜"，然后将3张白纸放在身体的前方、右侧和左侧。站在3张白纸的中间，根据听到的信号，迅速移动至对应的白纸上。如果选择错误或反应迟钝，则应返回起始位置，再次根据信号做出反应，直到能又快又准确地移动，此为完成1次。完成规定的次数。

第1周

动作6 站姿摆动手臂

训练目标	摆臂技术、力量、核心控制
训练部位	上肢、核心
所需器材	无
主要肌肉	上肢肌群、核心肌群

POINT

上臂应以肩关节为轴充分摆动。
双臂前后摆动，而不是左右摆动。
手臂向前摆时，手不应越过身体中线。
摆动双臂时，核心收紧，身体保持稳定。

1 正常站姿，双臂屈曲约90度，上臂自然垂于身体两侧。上半身挺直并稍稍前倾。

2 以肩关节为轴，双臂紧绷并交替前后摆动。手臂应向前摆至接近下颌高度，向后摆时，肘关节轻微伸展以增加杠杆作用，直至手越过髋部。双臂交替摆动为完成1次。完成规定的次数或时间。

第1周

动作7 坐姿摆动手臂

训练目标	摆臂技术、力量、核心控制
训练部位	上肢、核心
所需器材	无
主要肌肉	上肢肌群、核心肌群

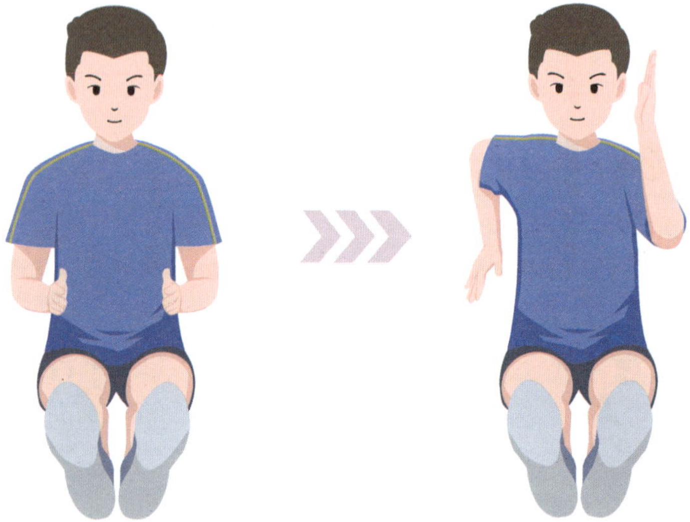

注意事项

全程保持均匀呼吸。

1 身体呈坐姿，双腿向前伸直。双臂屈曲约90度，上臂自然垂于身体两侧。上半身挺直并稍稍前倾。

2 以肩关节为轴，双臂紧绷并交替前后摆动。手臂应向前摆至接近下颌高度，向后摆时，肘关节轻微伸展以增加杠杆作用，直至手越过髋部。双臂交替摆动为完成1次。完成规定的次数或时间。

第1周

动作8 原地军步

训练目标 下肢蹬摆技术

训练部位 髋部、下肢、上肢

所需器材 无

主要肌肉 髂腰肌、股四头肌、胫骨前肌、臀大肌、腘绳肌、腓肠肌、比目鱼肌、上肢肌群

POINT

核心收紧。
尽量将大腿抬至与地面平行。
动作速度要快。

注意事项

全程保持均匀呼吸。

1 双脚开立，距离小于肩宽，背部挺直，核心收紧，双臂自然垂于身体两侧。

2 屈髋屈膝，抬起一侧腿至大腿几乎与地面平行，自然摆臂，呈踏步姿势，随后前脚掌向下用力蹬地，同时换对侧腿抬起。两腿交替进行，完成规定的次数。

第1周

动作9 弹力带深蹲后拉

训练目标 力量

所需器材 弹力带

训练部位 下肢、髋部、背部、上肢

主要肌肉 臀大肌、股四头肌、腘绳肌、腓肠肌、比目鱼肌、背部肌群、肩部肌群

注意事项

发力时呼气，还原时吸气。

POINT

动作过程中尽量避免膝关节超过脚尖或内扣，避免耸肩。

1 双脚开立，与肩同宽。将弹力带中段固定在身体正前方与肩同高处，双手分别握住弹力带的两端。双臂前平举，掌心向下，保持弹力带有一定的张力。

2 屈髋屈膝，深蹲至大腿几乎与地面平行，同时背部及上肢肌肉发力，双臂水平后拉弹力带，至上臂与肩关节呈一条直线，双肘屈曲90度。动作过程中保持背部挺直。回到起始姿势，完成规定的次数或时间。

第1周

动作10 慢跑

训练目标 有氧耐力　训练部位 全身

所需器材 无　主要肌肉 全身肌肉

POINT

慢跑时，保持身体稳定，双臂应前后摆动，不要左右摆动。

注意事项

全程保持均匀呼吸。

1 身体呈直立姿势，双脚分开，约与肩同宽，核心收紧，背部挺直，双臂屈曲，置于身体两侧，目视前方。

2 慢跑时，前后交替摆臂。完成规定的距离或时间。

第1周

动作11 站姿肩部拉伸

训练目标 柔韧性

训练部位 肩部

所需器材 无

主要肌肉 肩部肌群

POINT

背部直立，身体不要向一侧歪斜。

注意事项

全程保持均匀呼吸，随着拉伸幅度的增大加深呼吸深度。

1 身体挺直，双脚开立，双手在肩胛骨处触碰，使肩部有一定的牵拉感，保持该姿势至规定的时间。换对侧重复上述动作。

第1周

动作12 跪式起跑者弓步

训练目标	柔韧性	训练部位	髋部
所需器材	瑜伽垫	主要肌肉	髂腰肌、股直肌

POINT

髋部向前移动，前侧腿的膝盖与脚尖方向一致。

注意事项

全程保持均匀呼吸，随着拉伸幅度的增大加深呼吸深度。

1 身体呈分腿跪姿，一侧腿在前，屈膝约90度，另一侧腿在后，膝盖和脚尖触地，背部挺直，双手置于前侧大腿上，目视前方。

2 髋部向前移动，同时手臂向前下方推前侧腿，直至后侧腿的髋屈肌有一定的牵拉感，保持该姿势至规定的时间。换对侧重复上述动作。

第2周日常提升训练方案

50米跑连贯技术、协调与灵敏、动作模式与心肺机能

1 ▶ 第 28 页

抱膝前进

次数 6 次 / 侧

组数 2

间歇 30 秒～ 1 分钟

2 ▶ 第 29 页

后交叉弓步

次数 6 次 / 侧

组数 2

间歇 30 秒～ 1 分钟

3 ▶ 第 30 页

行进弓步

次数 6 次 / 侧

组数 2

间歇 30 秒～ 1 分钟

4 ▶ 第 31 页

碎步跑

时长 10 秒

组数 2

间歇 1.5 ～ 2 分钟

5 ▶ 第 32 页

纵向军步走

次数 8 ～ 10 次 / 侧

组数 2

间歇 1 分钟

6 ▶ 第 33 页

徒手深蹲

次数 8 次

组数 2

间歇 1 ～ 1.5 分钟

1～3 → 4～10 → 11～12

热身

以快频的碎步跑作为一节课的正式开始，主体注重改善测试者50米跑连贯协调的技术动作，建立测试者基础动作模式，以及强化测试者心肺机能。

整理

7 ▶ 第34页

弓步

次数 8次/侧

组数 2

间歇 2分钟

8 ▶ 第35页

静态臀桥

时长 30秒

组数 2

间歇 1.5～2分钟

9 ▶ 第36页

平板支撑

时长 20～30秒

组数 2～3

间歇 1.5～2分钟

10 ▶ 第37页

追击游戏

次数 2次

组数 3～4

间歇 2分钟

11 ▶ 第38页

动态弓式

时长 20秒

组数 2

间歇 30秒

12 ▶ 第39页

坐式向前俯身

时长 20秒

组数 2

间歇 30秒

第2周 动作 1 抱膝前进

训练目标	柔韧性、灵活性
训练部位	髋部、下肢
所需器材	无
主要肌肉	臀大肌、腘绳肌、髂腰肌、股直肌

POINT

收紧支撑腿一侧的臀大肌，保持背部挺直。

注意事项

牵拉时，保持支撑腿的髋部处于伸展状态。

1 身体直立，双脚开立，与肩同宽，躯干挺直；一侧膝抬起，双手抱膝向上提拉，该侧脚脚尖勾起；支撑腿一侧的臀大肌收紧，在牵拉的同时脚跟抬起；保持该姿势1～2秒。

2 抬起侧的腿向前落下，换对侧腿重复上述动作。完成规定的次数或距离。

第2周

动作2 后交叉弓步

训练目标	柔韧性、灵活性
训练部位	髋部、下肢
所需器材	无
主要肌肉	臀大肌、臀中肌、阔筋膜张肌、髂胫束

注意事项

全程躯干直立，身体保持平衡。

POINT

保持躯干挺直，重心在前脚，下蹲时前侧腿膝关节不要超过脚尖。

1 双脚开立，与肩同宽，腹部收紧，胸部挺直，双臂前平举。

2 一侧腿后撤一步，置于另一侧腿后方约45度的位置，双腿呈交叉站立姿势，屈髋屈膝，深蹲至感受到前侧腿外侧肌肉有一定程度的牵拉感，保持该姿势1～2秒。回到起始姿势，换对侧重复上述动作。完成规定的次数或时间。

第2周

动作3 行进弓步

训练目标	柔韧性、灵活性
训练部位	髋部、下肢
所需器材	无
主要肌肉	臀大肌、腘绳肌、髂腰肌、股直肌

POINT

动作过程中，躯干直立，前侧腿的膝盖和脚尖一致向前，屈膝屈髋约90度。

注意事项

全程躯干直立，身体保持平衡。

1 双脚开立，间距小于肩宽，核心收紧，挺胸收腹，双手叉腰。

2 抬起一侧腿向前迈出一步，呈弓步姿势，降低身体重心，至前侧腿的后侧（臀部和大腿后群）以及后侧腿的前侧（髋部和大腿前群）有牵拉感，保持该姿势1～2秒。前侧腿发力，后腿向前收，起身站立，换对侧重复上述动作。两侧交替进行，完成规定的次数或距离。

第2周

动作4 碎步跑

训练目标	步频、敏捷性
训练部位	全身
所需器材	无
主要肌肉	全身肌肉

POINT

运动过程中，脚不要拖地，注意使髋关节、膝关节和踝关节周围的肌肉协同发力。

1 双脚开立，间距略比肩宽，手臂呈前后摆臂状，重心位于双脚之间。

2 保持背部挺直，进行碎步跑。手臂始终保持较低的摆动频率。控制脚步由慢变快，直至达到最快速度，并尽可能保持最快速度几秒再减速。注意保持上下肢的协调。完成规定的时间。

第2周

动作5 纵向军步走

训练目标	强化跑动的技术
训练部位	髋部、下肢、上肢
所需器材	无
主要肌肉	髂腰肌、股四头肌、胫骨前肌、臀大肌、腘绳肌、腓肠肌、比目鱼肌、上肢肌群

POINT

动作过程中保持核心收紧。
单腿支撑时保持身体稳定。

注意事项

随着动作节奏均匀呼吸。

1 身体呈直立站姿，双脚开立，间距小于肩宽，双臂自然垂于身体两侧。

2 保持背部挺直，核心收紧。抬一侧腿，屈髋屈膝至大腿与地面平行，双臂用力跟随摆动，呈踏步姿势。抬起腿向下用力蹬地，同时换对侧腿抬起，重心前移。双腿交替前进，完成规定的次数或距离。

第2周

动作6 徒手深蹲

训练目标	力量
训练部位	下肢、髋部
所需器材	无
主要肌肉	臀大肌、股四头肌、腘绳肌、腓肠肌、比目鱼肌

POINT

动作过程中，核心收紧，背部挺直，膝盖与脚尖方向一致。

1 双脚开立，约与肩同宽。双臂自然放在身体两侧。

2 屈髋屈膝下蹲。动作过程中，双臂屈肘抬起至胸前，保持身体平衡。下肢肌肉发力，回到起始姿势，完成规定的次数。

第2周

动作 7

弓步

训练目标	力量
训练部位	下肢、髋部
所需器材	无
主要肌肉	臀大肌、股四头肌、腘绳肌、腓肠肌、比目鱼肌

POINT

躯干保持中立位，身体挺直，前侧腿屈髋屈膝约 90 度，后侧腿伸直。

1 双腿开立，距离小于肩宽，挺胸收腹，下颌微收，双手叉腰。

2 保持躯干挺直，腹部收紧，一条腿向前迈步的同时，屈髋屈膝至大腿几乎与地面平行，后侧腿伸直。前侧腿蹬地发力，回到起始姿势，换对侧重复上述动作。两侧交替进行，完成规定的次数或距离。

第2周

动作8 静态臀桥

训练目标	力量、稳定性
训练部位	髋部
所需器材	瑜伽垫
主要肌肉	臀大肌、腘绳肌、竖脊肌

POINT

核心收紧。

注意事项

全程保持均匀呼吸。

1 身体呈仰卧姿势。双腿屈膝，双脚脚尖勾起，双脚脚跟着垫，双手放在身体两侧。

2 腹部和臀部收紧，臀部离地，使躯干与大腿在一条直线上。保持该姿势至规定的时间。

第2周

动作9 平板支撑

训练目标	力量、稳定性
训练部位	核心
所需器材	瑜伽垫
主要肌肉	核心肌群

注意事项

保持身体呈一条直线。

1 身体呈四点支撑的俯撑姿势，核心收紧，背部挺直，保持双手位于肩部的正下方，双手间距约等于肩宽，双臂伸直。双脚略分开，脚尖触垫支撑。头部、躯干和下肢应在一条直线上，保持该姿势至规定时间。

第2周

动作10 追击游戏

训练目标 快速反应、心肺机能
训练部位 全身
所需器材 胶布
主要肌肉 全身肌肉

POINT

应合理设置两人的间隔距离和游戏区域。
两人的速度水平和反应能力不宜差异过大。
游戏区域应平坦、空旷，避免两人在追逐过程中因绊倒、滑倒而受伤。

注意事项

全程保持均匀呼吸。

1 两人间隔适当的距离站立，同时在两人身后适当距离处用胶布标记游戏区域。两人进行“剪刀石头布”游戏，获胜方迅速转身逃跑，输的一方对其进行追击。若获胜方在跑出游戏区域前未被对方抓到，则赢得追击游戏的胜利，反之则是对手胜利。一方胜利后回到起始位置。完成规定的次数。

第2周

动作11 动态弓式

训练目标	柔韧性
训练部位	腹部、肩部、髋部
所需器材	瑜伽垫
主要肌肉	腹部肌群、三角肌、髂腰肌、股四头肌

注意事项

全程保持均匀呼吸，随着拉伸幅度的增大，加深呼吸深度。

POINT

头部不要过度后仰。

1 身体呈俯卧姿势，双腿屈膝，双手抓住同侧脚的脚背或脚踝，目视垫面。

2 头部后仰，躯干后倾，呈反弓形，同时双手向上拉脚背或脚踝，使双膝离垫，至目标肌肉有一定程度的牵拉感。完成规定的次数或时间。

第2周

动作12 坐式向前俯身

训练目标 柔韧性

训练部位 髋部、下肢、背部

所需器材 瑜伽垫

主要肌肉 竖脊肌、髋内收肌群、腘绳肌

POINT

保持躯干稳定。

注意事项

含胸低头贴向地面，拉伸过程中保持均匀呼吸。

1 身体呈坐姿，双腿分开，尽量外展，双膝微屈。双手置于双腿内侧，触地。目视前方。

2 腿部不动，双臂前伸，含胸低头贴向地面，直至躯干及大腿内侧肌肉有中等程度的牵拉感。保持该姿势至规定的时间。

第3周日常提升训练方案

50米跑技术巩固与强化、基础力量、无氧能力

1 ▶ 第 42 页

摇篮抱膝

- 次数 6 次 / 侧
- 组数 2
- 间歇 30 秒～ 1 分钟

2 ▶ 第 43 页

侧弓步

- 次数 6 次 / 侧
- 组数 2
- 间歇 30 秒～ 1 分钟

4 ▶ 第 45 页

纵向垫步跳

- 次数 10 次 / 侧
- 组数 3
- 间歇 1.5 ～ 2 分钟

3 ▶ 第 44 页

原地后弓步转体

- 次数 6 次 / 侧
- 组数 2
- 间歇 30 秒～ 1 分钟

5 ▶ 第 46 页

迷你带直线走

- 次数 8 次 / 侧
- 组数 3
- 间歇 1 分钟

6 ▶ 第 47 页

弹力带双腿半蹲

- 次数 10 次
- 组数 3
- 间歇 1 ～ 1.5 分钟

1～3	4～10	11～12
热身	巩固与强化 50 米跑技术，增强基础力量，提升无氧能力。	整理

7 ▶ 第 48 页

分腿蹲

- 次数 8 次 / 侧
- 组数 3
- 间歇 2 分钟

8 ▶ 第 49 页

仰卧起坐

- 次数 15 次
- 组数 3
- 间歇 1 ～ 1.5 分钟

9 ▶ 第 50 页

跪姿对侧抬腿伸臂

- 次数 8 次 / 侧
- 组数 3
- 间歇 1.5 ～ 2 分钟

10 ▶ 第 51 页

70 米跑

- 次数 1 次
- 组数 3 ～ 4
- 间歇 2 分钟

11 ▶ 第 52 页

弹力带坐姿腘绳肌拉伸

- 时长 20 秒
- 组数 2
- 间歇 30 秒

12 ▶ 第 53 页

侧卧股四头肌和髋屈肌拉伸

- 时长 20 秒 / 侧
- 组数 2
- 间歇 无

第3周

动作 1 摇篮抱膝

训练目标 柔韧性、灵活性

训练部位 髋部、下肢

所需器材 无

主要肌肉 臀大肌、梨状肌、阔筋膜张肌

注意事项

全程保持均匀呼吸。

POINT

核心收紧、背部挺直。

1 双脚开立，与肩同宽，脚尖向前。

2 一侧腿向前迈一小步，对侧腿膝关节抬至胸部下方，抬起腿同侧的手抱在大腿上，另一侧手抬脚踝呈“摇篮”状，缓慢用力向上提拉，同时支撑腿的脚跟抬起，保持该姿势1～2秒，换对侧重复上述动作。完成规定的次数或距离。

第3周

动作2 侧弓步

训练目标 柔韧性、灵活性　训练部位 下肢、髋部

所需器材 无　主要肌肉 髋内收肌群

POINT

保持胸部和背部挺直，脚尖始终向前，下蹲时重心稳定且膝关节不要超过脚尖。

注意事项

全程保持均匀呼吸。

1 双脚开立，大于肩宽，核心收紧，挺胸抬头，目视前方，双手叉腰。

2 身体重心移至一侧腿上，呈侧弓步。双脚脚尖朝前，全脚掌贴地。身体下蹲，对侧腿伸直，保持该姿势1～2秒。

3 换对侧重复上述动作。两侧交替进行，完成规定的次数或时间。

第3周

动作3 原地后弓步转体

训练目标	柔韧性、灵活性
训练部位	躯干、髋部、下肢
所需器材	无
主要肌肉	腹内斜肌、腹外斜肌、胸椎周围肌群、臀大肌、腘绳肌、髂腰肌、股直肌

POINT

躯干直立，前侧腿的小腿与地面垂直。

注意事项

全程保持均匀呼吸。

1 双脚开立，与肩同宽，一侧腿抬起向后跨步，同时前侧腿屈髋屈膝，下蹲至大腿与地面接近平行，呈弓步姿势。

2 后侧腿一侧的手置于对侧腹部，前侧腿一侧的手臂向身体后方伸展，同时躯干慢慢向同侧旋转至最大幅度。回到起始姿势，换对侧重复上述动作。完成规定的次数。

第3周

动作4 纵向垫步跳

训练目标	跑动的动作技能	训练部位	全身
所需器材	无	主要肌肉	髂腰肌、股四头肌、胫骨前肌、臀大肌、腘绳肌、腓肠肌、比目鱼肌、上肢肌群、核心肌群

POINT

跳起过程中，膝盖和脚尖一致向前。核心收紧，上身保持稳定。

注意事项

跳跃时呼气，落地时吸气。

1 双脚开立，距离略小于肩宽，双臂自然垂于身体两侧。

2 保持躯干挺直，核心收紧，抬一侧腿至大腿与地面接近平行，对侧脚跳起，双臂自然摆动。抬起腿落地时，在前脚掌接触地面的瞬间，迅速跳起，同时身体重心前移，换对侧腿抬起至大腿与地面接近平行。双腿交替进行，完成规定的次数或距离。

第3周

动作5 迷你带直线走

训练目标	稳定性、力量
训练部位	髋部、核心、下肢
所需器材	迷你带
主要肌肉	髋部肌群、核心肌群、股四头肌

POINT

在移动过程中，步幅要适中，不能过大或过小，要保持迷你带始终有张力；躯干要保持稳定，重心不要起伏。

注意事项

在运动过程中核心收紧。膝和脚尖方向一致向前。

1 身体呈基本站立姿势，双手叉腰，核心收紧，背部挺直，双脚开立，稍微屈髋屈膝半蹲，将迷你带套在踝关节的上方，保持迷你带始终有张力。

2 保持重心不上下起伏，双脚交替向前移动，躯干保持稳定，脚尖向前。完成规定的次数或距离。

第3周

动作6 弹力带双腿半蹲

训练目标	力量
训练部位	下肢、髋部
所需器材	弹力带
主要肌肉	臀大肌、股四头肌、腘绳肌、腓肠肌、比目鱼肌、上肢肌群

POINT

动作过程中保持腹部收紧、背部挺直，膝盖尽量不要超过脚尖。双臂相对躯干固定，臀部和下肢肌肉发力。

1 双脚开立，约与肩同宽。将弹力带中段固定在双脚下，双手分别握住弹力带的两端。双臂向后屈肘，双手置于腰部两侧，保持弹力带有一定的张力。身体向下半蹲，然后双腿发力蹬伸，回到起始姿势，重复规定的次数或时间。

第3周

动作7 分腿蹲

训练目标	力量
训练部位	下肢、髋部
所需器材	无
主要肌肉	臀大肌、臀中肌、股四头肌、腘绳肌、腓肠肌、比目鱼肌

POINT

躯干保持中立位，身体挺直，前侧腿屈髋屈膝约 90 度。

注意事项

起身时呼气，下蹲时吸气。

1 双腿开立，距离小于肩宽，挺胸收腹，下颌微收，双手叉腰。

2 保持躯干挺直，腹部收紧，一条腿向前迈步的同时，双腿屈膝至前侧腿的大腿与地面平行，后侧腿的膝部几乎触地。

3 前侧腿蹬地发力还原，回到起始姿势，换对侧重复上述动作。两侧交替进行规定的次数或时间。

第3周

动作8 仰卧起坐

训练目标	力量
训练部位	腹部
所需器材	瑜伽垫
主要肌肉	腹直肌

POINT

动作过程中收紧腹部，避免头部代偿。

1 身体呈仰卧姿势，整个躯干紧贴垫面，双手交叉置于头后。双脚全脚掌触垫，双腿屈膝至大腿与小腿之间的夹角约为90度。

2 保持腹部收紧，卷腹使整个躯干离垫，至双肘触碰膝关节。抱头的双手不要用力过度，以免头部代偿。回到起始姿势，完成规定的次数。

第3周

动作9

跪姿对侧抬腿伸臂

训练目标 力量、稳定性

训练部位 核心

所需器材 瑜伽垫

主要肌肉 腹横肌、腹直肌、多裂肌、竖脊肌、臀大肌

POINT

动作过程中保持躯干挺直，手臂上抬、同侧腿后伸至与躯干在同一平面上。

注意事项

全程保持均匀呼吸。

1 身体呈四足跪姿，俯撑于垫子上，躯干挺直。双手置于肩关节正下方，双膝置于髋关节正下方。

2 躯干保持挺直，腹部收紧，臀部发力，一侧腿向后伸直，同时对侧肩背部发力，手臂上抬，直至手臂、腿与躯干在同一平面上，保持该姿势1～2秒，回到起始姿势。换对侧重复上述动作，完成规定的次数。

第3周

动作10 70米跑

训练目标 速度　训练部位 全身

所需器材 胶布　主要肌肉 全身肌肉

POINT

跑步过程中，注意双臂和双腿的摆动姿势，同时保持核心收紧、身体稳定。
冲过终点线之后再减速。

注意事项

全程保持均匀呼吸。

1 用胶布标记出起跑线和终点线（间距为70米）。以标准跑步姿势从起跑线跑至终点线。重复规定的次数。

第3周

动作11

弹力带坐姿腘绳肌拉伸

训练目标 柔韧性　训练部位 下肢

所需器材 瑜伽垫、弹力带　主要肌肉 腘绳肌

注意事项

全程保持均匀呼吸。

POINT

动作过程中，保持双腿伸直。

1 坐在垫子上，双腿伸直并拢且紧贴垫面。将弹力带中段固定在双脚的前脚掌处，双臂伸直并用双手分别握住弹力带两端，保持弹力带有一定的张力。

2 向前俯身，屈曲髋关节，同时双手拉紧弹力带，至腘绳肌有一定程度的牵拉感，保持该姿势至规定的时间。

第3周

动作12

侧卧股四头肌和髋屈肌拉伸

训练目标	柔韧性	训练部位	下肢、髋部
所需器材	瑜伽垫	主要肌肉	股四头肌、髂腰肌

POINT

保持背部挺直，拉伸时拉伸腿尽量抬起。

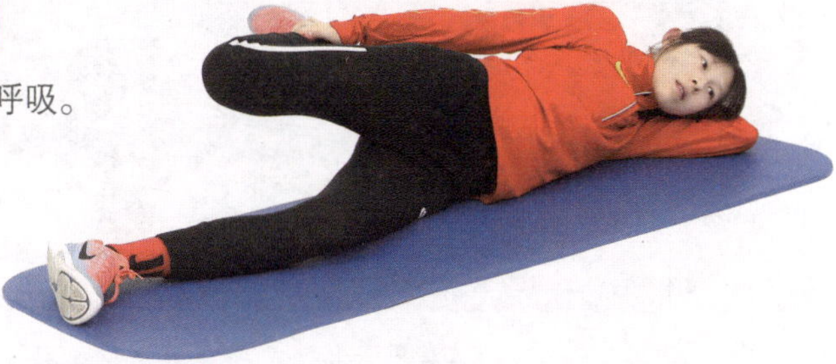

注意事项

全程保持均匀呼吸。

1 身体呈侧卧姿势，头枕于近地侧手臂上；远地侧腿伸髋屈膝，远地侧手握住该侧脚的脚踝，近地侧腿尽量伸直。

2 远地侧手将该侧脚向臀部拉，直至该腿的股四头肌和髋屈肌有一定程度的牵拉感，保持该姿势至规定的时间。换对侧重复上述动作。

第4周日常提升训练方案

跑动技术与加速能力、爆发力

1 ▶ 第 56 页

大腿前侧行进拉伸

次数 6 次 / 侧

组数 2

间歇 30 秒～ 1 分钟

2 ▶ 第 57 页

最伟大拉伸

次数 6 次 / 侧

组数 2

间歇 30 秒～ 1 分钟

3 ▶ 第 59 页

运动姿快速转髋

时长 10 秒

组数 2

间歇 1.5 ～ 2 分钟

4 ▶ 第 60 页

小步跑

次数 10 次

组数 3

间歇 1.5 ～ 2 分钟

5 ▶ 第 61 页

20 米跑

次数 1 次

组数 3 ～ 4

间歇 2 分钟

6 ▶ 第 62 页

脚踝跳

次数 15 次

组数 3

间歇 2 分钟

1～3 → **4～10** → **11～12**

热身　　强化跑动技术与加速能力，增强下肢爆发力。　　整理

7 ▶ 第 63 页

深蹲跳

次数 6～8 次
组数 3
间歇 2 分钟

8 ▶ 第 64 页

爆发式后踢腿

次数 6～8 次 / 侧
组数 3
间歇 2 分钟

10 ▶ 第 66 页

俯卧抬起上身

次数 12 次
组数 3
间歇 1～1.5 分钟

9 ▶ 第 65 页

药球仰卧起坐

次数 15 次
组数 3
间歇 1～1.5 分钟

11 ▶ 第 67 页

下犬式

时长 20 秒
组数 2
间歇 30 秒

12 ▶ 第 68 页

两侧转体看脚跟

次数 6 次 / 侧
组数 2
间歇 30 秒

第4周

动作1 大腿前侧行进拉伸

训练目标	柔韧性	训练部位	髋部、下肢、肩部
所需器材	无	主要肌肉	髂腰肌、股四头肌、肩部前侧肌群

1 身体呈直立姿，躯干挺直，腹部收紧，抬头挺胸，目视前方。

2 一侧脚向前迈一小步，另一侧腿向后屈膝，同侧手抓住抬起脚的脚背或脚踝，将其拉向臀部，同时对侧手臂上举，同侧脚的脚跟抬起，直至大腿与髋部前侧，以及肩部前侧有牵拉感，保持该姿势1～2秒，换对侧重复上述动作。完成规定的次数或距离。

第4周

动作2 最伟大拉伸

训练目标	柔韧性、灵活性	训练部位	全身
所需器材	无	主要肌肉	腘绳肌、臀大肌、髂腰肌、股四头肌、腓肠肌、比目鱼肌、竖脊肌、背阔肌、腹内斜肌、腹外斜肌

POINT

向前迈出的步子应大一些。

注意事项

全程保持均匀呼吸。

1 双脚并拢站立，背部挺直，腹部收紧，双臂自然垂于身体两侧。

2 一只脚向前迈，至大腿与地面基本平行，呈弓步。

3 俯身，用前侧腿的对侧手支撑，与前侧腿同侧的手臂肘关节抵在前侧脚的内侧。

4 与前侧腿同侧的手臂向上打开，眼睛看手掌指尖，双臂呈一条直线。

5 打开的手臂收回并支撑于前侧脚外侧的地面上，前侧腿从屈膝状态伸直，以脚跟支撑。回到弓步姿势后，后侧腿蹬起，向前站起，回到起始姿势。换对侧重复上述动作。完成规定的次数或距离。

第4周

动作3 运动姿快速转髋

训练目标	神经激活、协调性、灵活性
训练部位	核心肌群、髋部肌群、下肢肌群
所需器材	无
主要肌肉	核心、髋部、下肢

POINT

核心收紧。摆臂方向与髋关节转动方向相反。发力集中于髋关节，而不是肩关节和躯干，始终保持胸部向前，尽可能保持上、下肢的协调。

注意事项

全程保持均匀呼吸。

1 双脚开立，略宽于肩，微微屈髋屈膝，背部挺直，腹部收紧，双臂微屈置于身体两侧。

2 保持躯干向前，有节奏、有弹性地快速跳离地面，跳跃的同时向一侧转髋，向对侧摆臂，落地后迅速跳回到起始姿势。两侧交替进行，完成规定的次数或时间。

第4周

动作4 小步跑

训练目标 跑动的动作技能、爆发力

训练部位 全身

所需器材 无

主要肌肉 全身肌肉

POINT

该练习的目的是优化摆臂和摆腿，体会前脚掌蹬地的感觉，以加快跑步速度。全程步幅要小，但步频应较高，一侧脚落地，另一侧膝盖迅速抬起；双臂跟随双腿节奏前后交替摆动。动作应流畅、连贯。

注意事项

全程保持均匀呼吸。

1 自然站立。一侧膝盖向上、向前摆，随后大腿用力下压，小腿顺势向前伸，接着前脚掌积极“扒地”，着地时将该侧腿伸直。在这个过程中，肩部放松，双臂屈曲，同侧臂向后向前摆，对侧臂向前向后摆。换至对侧重复上述动作。双腿交替摆动为完成1次，重复规定的距离或时间。

第4周

动作5 20米跑

训练目标	速度
训练部位	全身
所需器材	胶布
主要肌肉	全身肌肉

POINT

跑步过程中，注意双臂和双腿的姿势，同时保持核心收紧，身体稳定。冲过终点线之后再减速。

注意事项

全程保持均匀呼吸。

1 用胶布标记起跑线和终点线（间距20米）。以标准跑步姿势，从起跑线跑至终点线。完成规定的次数。

第4周

动作6 脚踝跳

训练目标	力量、爆发力
训练部位	足踝部、小腿
所需器材	无
主要肌肉	腓肠肌、比目鱼肌

POINT

踝关节跖屈时保持膝关节伸直。

注意事项

跳起时呼气，还原时吸气。

1 站姿，身体挺直，双脚开立，与髋同宽，双臂自然下垂。

2 膝关节伸直，踝关节跖屈向上跳起，同时双臂向前摆动，然后回到起始姿势。重复规定的次数。

第4周

动作7 深蹲跳

训练目标 力量、爆发力

训练部位 下肢、髋部

所需器材 无

主要肌肉 臀大肌、股四头肌、腘绳肌、腓肠肌、比目鱼肌

POINT

核心收紧。

起跳或落地时避免膝关节内扣。

背部挺直。

1 双脚开立，间距约等于肩宽，挺胸直背，核心收紧，屈髋屈膝，下蹲，双臂后摆于体侧。

2 快速伸髋伸膝，同时双臂用力上摆并向上跳起，落地时，屈髋屈膝缓冲。回到起始姿势，完成规定的次数。

第4周

动作8 爆发式后踢腿

训练目标 爆发力 训练部位 核心、髋部、下肢

所需器材 瑜伽垫 主要肌肉 核心肌群、髋部肌群、腘绳肌

POINT

在保证动作正确的前提下，尽量向更高处踢，注意保持核心收紧。

1 身体呈四点支撑姿势。双臂伸直，双手分开，约与肩同宽，支撑在垫子上。双腿微屈，双脚脚尖撑地。

2 保持核心收紧，双手触地，身体重心前移，双脚蹬地，依次离开垫子，并向上踢。

3 双腿微屈，依次轻轻落地，回到起始姿势。重复向上踢腿的动作，完成规定的次数。换对侧重复上述动作。

第4周

动作9 药球仰卧起坐

训练目标	力量	训练部位	腹部
所需器材	瑜伽垫、药球	主要肌肉	腹直肌

注意事项

坐起时呼气，还原时吸气。

POINT

核心收紧，颈部不要发力。

1 仰卧于垫上，双腿屈曲，双脚脚跟撑地。双手持药球于胸前，双肘屈曲。

2 利用腹部的力量拉起躯干至药球触碰膝关节。回到起始姿势，完成规定的次数。

第4周

动作10 俯卧抬起上身

训练目标	力量、稳定性
训练部位	背部
所需器材	瑜伽垫
主要肌肉	背部肌群

POINT

动作过程中，臀部收紧，躯干发力。

注意事项

躯干抬起时呼气，还原时吸气。

1 身体呈俯卧姿势，双腿伸直，双脚并拢，脚尖触垫支撑，双臂伸直举过头顶。

2 保持臀部收紧，背部发力使双臂、肩部和胸部抬离地面。回到起始姿势，完成规定的次数或时间。

第4周

动作11 下犬式

训练目标 柔韧性

训练部位 下肢、背部、胸部

所需器材 瑜伽垫

主要肌肉 腓肠肌、比目鱼肌、腘绳肌、背阔肌、胸大肌

注意事项

全程保持均匀呼吸。

POINT

头部和背部呈一条直线。

1 身体呈俯撑姿势，脚跟抬起，双手和双脚脚尖撑地，双臂和双腿伸直。

2 手臂向后推，臀部抬起，双腿保持伸直。臀部向后上方移动至目标肌肉有一定程度的牵拉感。保持该姿势至规定的时间。

第4周

动作12 两侧转体看脚跟

训练目标 柔韧性　训练部位 腹部

所需器材 瑜伽垫　主要肌肉 腹直肌、腹外斜肌、腹内斜肌

POINT

向左后方、右后方看脚跟，下肢保持不动，大腿紧贴垫面。

注意事项

全程保持均匀呼吸。

1 身体呈俯卧姿势，双臂伸直以支撑躯干，目视前方。

2 下肢不动，头部与躯干向左侧旋转，看向左后方的脚跟，直至腹部肌肉有一定程度的牵拉感。换对侧重复上述动作。完成规定的次数或时间。

第5周日常提升训练方案

50米跑冲刺能力与专项速度保持

1 ▶第71页

泡沫轴下肢放松

时长 10分钟
组数 1
间歇 无

2 ▶第74页

站姿胸椎转体

次数 8次/侧
组数 2
间歇 30秒

3 ▶第75页

燕式平衡

次数 6次/侧
组数 2
间歇 30秒～1分钟

4 ▶第76页

直腿军步走

次数 10次/侧
组数 3
间歇 1～1.5分钟

5 ▶第61页

20米跑

次数 1次
组数 3
间歇 2分钟

1～3 → 4～7 → 8～9

热身 提升 50 米跑冲刺能力，以及专项速度能力。 整理

7 ▶ 第 79 页

锥桶纵向交换跳

次数 10 次

组数 3

间歇 2 分钟

6 ▶ 第 78 页

50 米跑

次数 1 次

组数 3

间歇 3 分钟

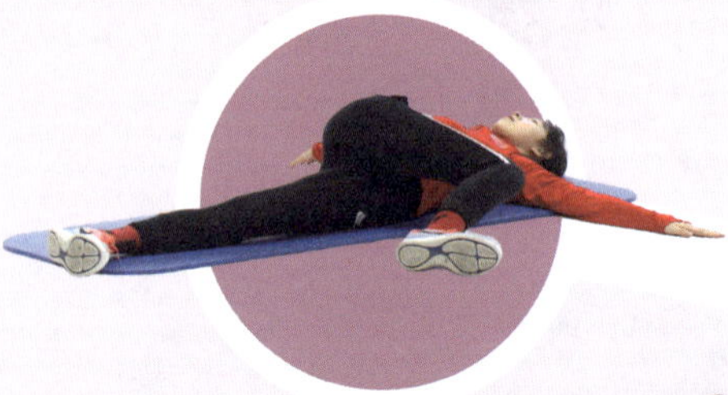

9 ▶ 第 82 页

麻花拉伸

时长 30 秒 / 侧

组数 2

间歇 无

8 ▶ 第 81 页

弓步髂腰肌拉伸

时长 30 秒 / 侧

组数 2

间歇 无

第5周

动作1 泡沫轴下肢放松

训练目标 柔韧性、软组织唤醒与激活

训练部位 下肢

所需器材 泡沫轴、瑜伽垫

主要肌肉 腓肠肌、比目鱼肌、腘绳肌、股四头肌

POINT

滚动泡沫轴时核心收紧，用手臂推动身体整体移动。重点体会下肢肌群的按压感。

注意事项

全程保持均匀呼吸。

1 身体呈坐姿，双臂伸直撑于体后，双手指尖向后，双腿交叠，自然伸直，将泡沫轴置于小腿下方靠近踝关节的位置。

2 双手推垫以移动身体，使泡沫轴在小腿踝关节处与膝关节腘窝之间来回滚动，滚动时在肌肉酸痛点上停留一定的时间。完成规定的次数或时间。换对侧重复上述动作。

注意事项

全程保持均匀呼吸。

3 身体呈坐姿，双臂伸直撑于体后，双手指尖向后，一侧腿伸直，置于泡沫轴上方，另一侧腿屈曲置于伸直的腿上。

4 双手推垫以移动身体，使泡沫轴在坐骨结节与腘窝之间来回滚动，滚动时在肌肉酸痛点上停留一定的时间。完成规定的次数或时间。换对侧重复上述动作。

POINT

滚动泡沫轴时核心收紧，重点体会股四头肌的按压感。

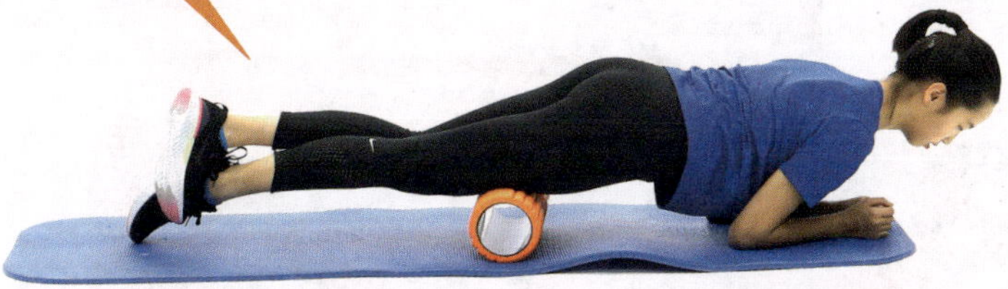

注意事项

全程保持均匀呼吸。

5 身体呈俯卧姿，双臂屈肘支撑，将身体抬离垫面，前臂贴于垫面。双腿交叠，自然伸直。泡沫轴置于大腿前侧下方。

6 双臂发力带动身体移动，使泡沫轴在骨盆与膝关节上方之间来回滚动，滚动时在肌肉酸痛点上停留一定的时间。完成规定的次数或时间。换对侧重复上述动作。

第5周

动作2 站姿胸椎转体

训练目标 柔韧性、灵活性

训练部位 躯干

所需器材 无

主要肌肉 胸椎周围肌群

POINT

核心收紧，髋部及下肢保持稳定。

1 双脚开立，与肩同宽，双膝微屈，屈髋使躯干前倾，背部挺直，双手交叉放在头后。

2 保持下肢与髋关节的稳定。以胸椎为轴，头部及躯干向一侧旋转至胸部和背部有一定程度的牵拉感。回到起始姿势，换对侧重复上述动作。完成规定的次数或时间。

第5周

动作3 燕式平衡

训练目标 柔韧性
训练部位 下肢
所需器材 无
主要肌肉 腘绳肌

注意事项

随着拉伸幅度增大，增加呼吸深度。

POINT

俯身时，尽量保持头、臀、踝在一条直线上。

1 身体呈站立姿势，腹部收紧，躯干挺直，目视前方。

2 一侧脚向前迈一小步，俯身并向后抬起对侧腿，同时该侧臀部收紧，尽量保持头部、臀部与抬起侧脚的脚踝在一条直线上。双臂侧平举，双手握拳，大拇指伸直且始终朝上，整个拉伸动作持续1～2秒。放下抬起侧腿并朝前迈一小步，换对侧重复上述动作。双腿交替进行，完成规定的次数或距离。

第5周

动作4 直腿军步走

训练目标	跑动的动作技能
训练部位	全身
所需器材	无
主要肌肉	核心肌群、髂腰肌、股四头肌、臀大肌、腘绳肌、腓肠肌、比目鱼肌、胫骨前肌、上肢肌群

POINT

动作过程中保持核心收紧。腿下落时保证髋部充分伸展，同时保持支撑腿伸直。

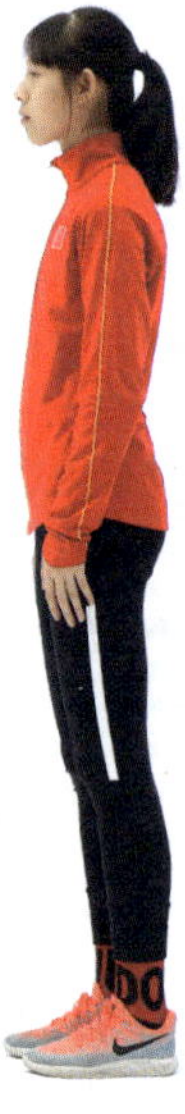

1 身体呈直立姿势，双脚并拢，双臂自然垂于身体两侧。

注意事项

随着动作节奏均匀呼吸。

2 保持躯干挺直，腹部收紧，一侧腿尽可能伸直，脚尖勾起，屈曲髋关节，向前踢出，同侧手臂向后摆，对侧手臂自然前摆至胸前，呈踏步姿势。踢出脚落地的同时用力蹬地，身体重心向前移，同时换另一侧腿尽可能伸直，脚尖勾起，向前踢出，双臂自然摆动。两侧交替进行，完成规定的次数或距离。

下一个动作：动作5

20米跑

→见第61页

第5周

动作6 50米跑

训练目标	速度	训练部位	全身
所需器材	胶布	主要肌肉	全身肌肉

POINT

50 米跑过程中，注意双臂和双腿的姿势，同时保持核心收紧，身体稳定。
冲过终点线之后再减速。

注意事项

全程保持均匀呼吸。

1 用胶布标记起跑线和终点线（间距50米）。以标准跑步姿势从起跑线跑至终点线。完成规定的次数。

第5周

动作7 锥桶纵向交换跳

训练目标 爆发力、敏捷性

训练部位 下肢、髋部

所需器材 锥桶

主要肌肉 臀大肌、臀中肌、股四头肌、腘绳肌、腓肠肌、比目鱼肌

POINT

核心收紧，背部挺直。
落地后迅速起跳，尽可能保持动作连贯。

注意事项

全程保持均匀呼吸。

1 双脚开立，约与肩同宽，背部挺直，双臂自然垂于身体两侧，面向锥桶站立。

2 一侧腿快速抬起，另一侧腿蹬地，跳过第1个锥桶。

3 非起跳脚落地，屈髋屈膝缓冲后迅速跳过第2个锥桶。

4 再次交换脚，单脚落地，屈髋屈膝缓冲后迅速跳过第3个锥桶。双脚落地，屈髋屈膝缓冲，然后站直。回到起始位置然后换另一侧脚开始起跳，重复上述动作。完成规定的次数或距离。

第5周

动作8 弓步髂腰肌拉伸

训练目标 柔韧性
训练部位 髋部
所需器材 瑜伽垫
主要肌肉 髂腰肌、股直肌

POINT
躯干尽可能挺直，身体不向一侧倾斜。

注意事项
均匀呼吸，并随着拉伸幅度增大加深呼吸深度。

1 身体在垫上呈半跪姿势，背部挺直，双手叉腰。重心前移，直至后侧髂腰肌有一定的牵拉感。保持该姿势至规定的时间，换对侧重复上述动作。

第5周

动作9 麻花拉伸

训练目标 柔韧性

训练部位 躯干、髋部、下肢

所需器材 瑜伽垫

主要肌肉 胸椎周围肌群、腹部肌群、髋部肌群、下肢肌群

POINT

拉伸过程中，背部尽可能紧贴垫面。

注意事项

全程保持均匀呼吸。

1 身体呈仰卧姿势，双腿上下交叉，上侧腿屈髋屈膝约90度，膝关节放置于对侧的垫子上。下侧腿伸直，双臂侧平举放于地面。

2 上侧腿的对侧手抓住上侧腿的膝关节部位，下侧腿膝关节屈曲，脚跟靠近臀部，另一侧手抓住下侧腿的踝关节，直至腹部肌群和下肢肌群有一定程度的牵拉感，保持该姿势至规定的时间。换对侧重复上述动作。

第6周日常提升训练方案

50米跑专项能力提升

1 ▶ 第 71 页

泡沫轴下肢放松

- 时长 6 分钟
- 组数 1
- 间歇 无

2 ▶ 第 85 页

向后分腿蹲

- 次数 6 次 / 侧
- 组数 2
- 间歇 30 秒～ 1 分钟

3 ▶ 第 87 页

四肢爬行

- 次数 6 次
- 组数 2
- 间歇 1 ～ 1.5 分钟

4 ▶ 第 89 页

栏架纵向高抬腿

- 次数 10 次
- 组数 3
- 间歇 2 分钟

1～3	→ 4～5	→ 6～7
热身	提升 50 米跑专项速度能力。	整理

5 ▶ 第 78 页

50 米跑

次数 1 次

组数 3 ～ 4

间歇 3 分钟

6 ▶ 第 91 页

半跪姿股四头肌和髋屈肌拉伸

时长 20 秒 / 侧

组数 3

间歇 无

7 ▶ 第 92 页

弹力带仰卧腘绳肌拉伸

时长 20 秒 / 侧

组数 3

间歇 无

第6周

动作2 向后分腿蹲

训练目标	柔韧性、灵活性
训练部位	髋部、下肢
所需器材	无
主要肌肉	臀大肌、腘绳肌、髂腰肌、股直肌

POINT
双臂上举时伸直贴耳。

1 双脚并拢站立，挺胸直背，目视前方，手臂自然垂于身体两侧。一侧脚向后迈，屈膝下蹲，前侧腿屈髋屈膝至大腿几乎与地面平行，后侧腿的膝关节撑地。双臂伸直举过头顶，脊柱向上、向后伸展。

上一个动作：动作 1
泡沫轴下肢放松
→见第 71 页

POINT

躯干前倾至双手可置于前脚后方的两侧。

2 双臂向下伸展，双手置于前脚后方的两侧，伸直双腿膝关节至前侧大腿后侧有一定的牵拉感。回到起始姿势，换对侧重复上述动作。完成规定的次数。

第6周

动作3 四肢爬行

训练目标	柔韧性、灵活性、稳定性
训练部位	全身
所需器材	无
主要肌肉	竖脊肌、臀大肌、腘绳肌、腓肠肌

POINT

保持膝关节伸直，腹部收紧，肩与躯干发力，重点体会牵拉感和手脚交替行进的感觉。

1 身体呈直立姿势，双脚分开，与肩同宽，腹部收紧，挺胸抬头，目视前方。

2 屈髋俯身使双手撑地，双腿尽量伸直。双手向身体前方爬行，双脚保持不动，直至爬到最远端，保持双腿伸直。

注意事项

全程保持均匀呼吸。

3 双脚向双手方向迈进，每次迈进一个脚掌的距离，左右交替行走，保持大腿伸直，直至回到起始姿势。重复规定的次数或距离。

第6周

动作4 栏架纵向高抬腿

训练目标 爆发力、协调性、灵敏性

训练部位 下肢、髋部

所需器材 栏架

主要肌肉 臀大肌、臀中肌、股四头肌、腘绳肌、腓肠肌、比目鱼肌

注意事项

全程保持均匀呼吸。

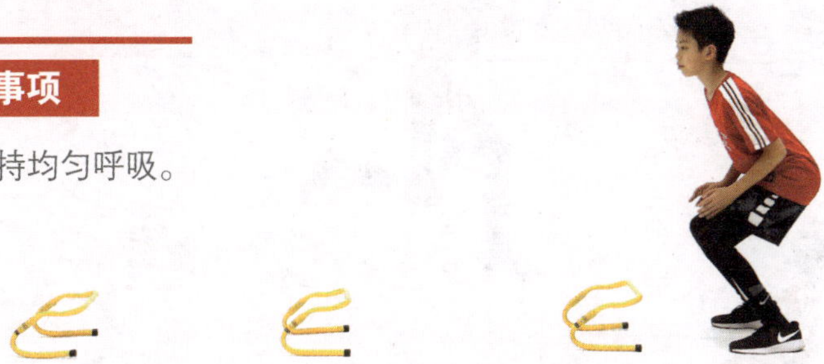

1 将3个栏架纵向排列，面向第1个栏架站立，屈髋屈膝，双脚分开，间距约等于肩宽，双臂屈曲于体侧，核心收紧，背部挺直。

2 一侧手臂迅速上摆，同时另一侧脚尽量上抬，并向前跨过第1个栏架。

POINT

核心收紧，背部挺直。
逐个跨过栏架的速度要快。
重心靠前，前脚掌蹬地的速度要快。
手臂协调摆动。

3 跨过栏架的脚着地后，下肢肌肉协同发力，迅速蹬地，同时对侧脚上抬并向前跨过第2个栏架。

4 跨过栏架的脚着地后，下肢肌肉协同发力，迅速蹬地，对侧脚上抬并向前跨过第3个栏架。

5 跨过3个栏架后，双脚依次着地，保持落地姿势1～2秒。回到起始姿势，完成规定的次数或按上述动作标准，跨过规定个数的栏架。

下一个动作：动作 5
50 米跑
→见第 78 页

第6周

动作6

半跪姿股四头肌和髋屈肌拉伸

训练目标 柔韧性

训练部位 下肢、髋部

所需器材 瑜伽垫

主要肌肉 股四头肌、髂腰肌

POINT

保持背部挺直，向前推髋。

注意事项

全程保持均匀呼吸。

1 身体呈半跪姿势，前侧腿屈膝约90度，后侧腿膝盖着地，同侧手握住脚背，背部挺直，对侧手臂伸直并举过头顶。

2 后侧腿的同侧手尽量将脚拉向臀部，身体慢慢前倾，直至后侧腿的股四头肌和髋屈肌有一定的牵拉感，该姿势约2秒。回到起始姿势，完成规定的次数或时间。换对侧重复上述动作。

第6周

动作 7

弹力带仰卧腘绳肌拉伸

训练目标 柔韧性

训练部位 下肢

所需器材 瑜伽垫、弹力带

主要肌肉 腘绳肌

POINT

拉伸腿尽可能伸直。

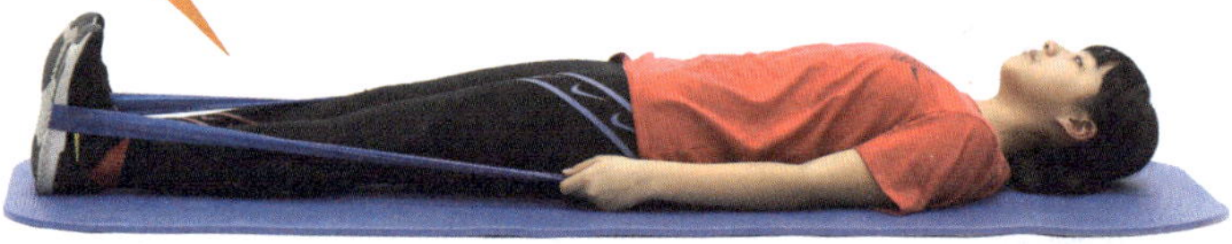

注意事项

保持均匀呼吸。

1 身体呈仰卧姿势，双腿伸直，将弹力带中段固定在拉伸腿的脚掌处，双手握住弹力带两端，保持弹力带有一定的张力。

2 双臂将弹力带向上拉，带动拉伸腿抬起，直至腘绳肌有一定的牵拉感，保持该姿势至规定的时间。换对侧重复上述动作。

第3章

50米跑突击怎么练？

第1周的突击训练方案以增强全身肌肉的力量为目标，包括身体主要肌肉的力量训练，因此每两次训练之间应间隔24～48小时，根据身体的不同反应进行调整。第2周则以改善手臂摆动、下肢蹬地的动作模式为目标，提高神经肌肉的控制能力。第3周以专项训练为主，增强短距离冲刺的能力，对身体整体素质的要求较高，每两次训练之间应间隔48小时或以上，并且最后一次训练与正式测试之间也应间隔48小时或以上，给身体充分的时间休息。

3.1

第1周突击训练方案

1 ▶ 第 28 页

抱膝前进

次数　8 次 / 侧

组数　2

间歇　30 秒～ 1 分钟

2 ▶ 第 29 页

后交叉弓步

次数　8 次 / 侧

组数　2

间歇　30 秒～ 1 分钟

3 ▶ 第 44 页

原地后弓步转体

次数　6 次 / 侧

组数　2

间歇　30 秒～ 1 分钟

4 ▶ 第 47 页

弹力带双腿半蹲

次数　10 次

组数　3

间歇　1 ～ 1.5 分钟

5 ▶ 第 48 页

分腿蹲

次数　8 次 / 侧

组数　3

间歇　2 分钟

6 ▶ 第 97 页

哑铃 – 站姿 – 双臂 – 基本弯举

次数　8 ～ 10 次

组数　3

间歇　1 分钟

1～3 → **4～13** → **14～15**

热身

增强下肢、上肢、臀部、核心力量，以及心肺机能。

整理

7 ▶ 第 98 页

哑铃 – 站姿 – 双臂 – 单铃 – 颈后臂屈伸

次数 8～10 次

组数 3

间歇 1 分钟

8 ▶ 第 99 页

哑铃 – 直腿硬拉

次数 8～10 次

组数 3

间歇 1.5～2 分钟

9 ▶ 第 100 页

单腿臀桥 – 抱膝式

次数 10 次 / 侧

组数 3

间歇 1.5～2 分钟

10 ▶ 第 101 页

平板支撑 – 触肩

次数 8～10 次 / 侧

组数 3

间歇 2 分钟

11 ▶ 第 49 页

仰卧起坐

次数 15 次

组数 3

间歇 1.5 分钟

12 ▶ 第 50 页

跪姿对侧抬腿伸臂

次数 8 次 / 侧

组数 3

间歇 1 ～ 1.5 分钟

13 ▶ 第 23 页

慢跑

距离 400 ～ 800 米

组数 3

间歇 3 分钟

14 ▶ 第 102 页

坐姿 -90 度 /90 度拉伸

时长 20 秒 / 侧

组数 2

间歇 无

15 ▶ 第 25 页

跪式起跑者弓步

时长 20 ～ 30 秒 / 侧

组数 2

间歇 无

第1周

哑铃-站姿-双臂-基本弯举

POINT

手臂屈曲时呼气，
恢复时吸气。

训练目标	力量
训练部位	上肢
所需器材	哑铃
主要肌肉	肱二头肌、肱肌

1 双脚开立，间距约等于肩宽。双手各握一只哑铃垂在身体两侧，掌心向前。

2 上臂紧贴身体，发力屈臂，使哑铃最大限度地靠近双肩。回到起始姿势，完成规定的次数。

第1周

哑铃-站姿-双臂-单铃-颈后臂屈伸

POINT

手臂伸直时呼气，
恢复时吸气。

训练目标	力量
训练部位	上肢
所需器材	哑铃
主要肌肉	肱三头肌

注意事项

动作过程中，上臂贴近耳侧，核心收紧。

1 双脚开立，间距大于肩宽。双手握一只哑铃，双臂伸直，将哑铃举于头顶。

2 屈曲双肘，下放哑铃，使前臂低于水平位置。上臂后侧发力，慢慢将哑铃举起，回到起始姿势，完成规定的次数。

第1周

哑铃-直腿硬拉

训练目标	力量
训练部位	髋部、下肢
所需器材	哑铃
主要肌肉	臀大肌、腘绳肌、竖脊肌

POINT

运动过程中，保持背部挺直，膝关节微曲。

1 双脚开立，与肩同宽。双手各握一只哑铃，自然垂于身体前侧，掌心向后。屈髋俯身至背部与地面接近平行。

2 背部挺直，臀部与大腿后侧发力，伸髋站起。回到起始姿势，完成规定的次数。

第1周

单腿臀桥–抱膝式

训练目标	力量、稳定性
训练部位	核心、髋部、下肢
所需器材	瑜伽垫
主要肌肉	核心肌群、臀大肌、腘绳肌、竖脊肌

POINT

保持核心收紧，背部挺直，身体不向一侧倾斜。

注意事项

全程保持均匀呼吸。

1 身体仰卧于垫上，一侧腿屈膝，脚跟触垫支撑。对侧腿屈髋屈膝抬起，双手抱住该侧膝盖。

2 腹部和臀部收紧，抬起臀部至躯干与支撑腿的大腿在一条直线上。保持该姿势1～2秒，回到起始姿势。完成规定的次数或时间，换对侧重复上述动作。

第1周

平板支撑-触肩

训练目标	力量、稳定性
训练部位	核心、上肢
所需器材	瑜伽垫
主要肌肉	核心肌群、上肢肌群

注意事项

动作过程中保持身体挺直与稳定。

POINT

随着动作节奏均匀呼吸。

1 俯卧支撑于垫子上，身体挺直，双脚分开与肩同宽，双臂伸直置于肩关节正下方。

2 保持身体挺直和稳定，腹部收紧，抬起一侧手触碰对侧肩关节。回到起始姿势，换对侧重复上述动作。两侧交替进行，完成规定的次数。

第1周

坐姿-90度/90度拉伸

训练目标	柔韧性
训练部位	下肢、髋部、腹部
所需器材	瑜伽垫
主要肌肉	臀大肌、髂胫束、阔筋膜张肌、髂腰肌、耻骨肌、大收肌、腹内斜肌、腹外斜肌

POINT

肩部、颈部放松。

1 身体呈坐姿，双腿均屈髋屈膝约90度，平放于垫上，一侧腿在身体正前方，另一侧腿在身体侧面。双臂伸直，双手置于前侧腿前方的地面上。

2

下肢与臀部不动，头部、躯干、双臂向前侧腿一方扭转至目标肌肉有一定程度的牵拉感。保持该姿势至规定的时间。换对侧重复上述动作。

3.2 第2周突击训练方案

1 ▶ 第 14 页

手臂钟摆

次数 8～10 次
组数 2
间歇 30 秒

2 ▶ 第 16 页

下肢前后钟摆

次数 10 次 / 侧
组数 2
间歇 30 秒

3 ▶ 第 56 页

大腿前侧行进拉伸

次数 6 次 / 侧
组数 2
间歇 30 秒～1 分钟

4 ▶ 第 57 页

最伟大拉伸

次数 6 次 / 侧
组数 2
间歇 30 秒～1 分钟

5 ▶ 第 20 页

坐姿摆动手臂

时长 20 秒
组数 3
间歇 1 分钟

6 ▶ 第 21 页

原地军步

次数 6～8 次 / 侧
组数 3
间歇 1 分钟

1～4	5～10	11～12
热身	改善手臂摆动、下肢蹬地等跑步的动作模式，增强短距离的速度能力。	整理

7 ▶ 第 106 页

弹力带 – 阻力跳上踏板

次数 5 次

组数 3

间歇 2 分钟

8 ▶ 第 108 页

后蹬跑

次数 10 次

组数 3

间歇 2 分钟

9 ▶ 第 61 页

20 米跑

次数 1 次

组数 3

间歇 2 分钟

10 ▶ 第 109 页

背身起跑

次数 2～3 次

组数 3

间歇 2～3 分钟

11 ▶ 第 53 页

侧卧股四头肌和髋屈肌拉伸

时长 20 秒 / 侧

组数 2

间歇 无

12 ▶ 第 39 页

坐式向前俯身

时长 20 秒

组数 2

间歇 20 秒

第2周

弹力带-阻力跳上踏板

训练目标 爆发力

训练部位 下肢、髋部、核心

所需器材 弹力带、踏板

主要肌肉 臀大肌、股四头肌、腘绳肌、腓肠肌、比目鱼肌、核心肌群

POINT

动作过程中，核心收紧，背部挺直。
落地时，身体保持稳定，膝盖和脚尖一致向前。

1 将弹力带两端固定在身体正后方，中段绕过腹部。双脚开立，与髋同宽，站在距离踏板20～30厘米处，保持弹力带有一定的张力。

2 双臂快速上摆，随即屈髋屈膝下蹲，双臂下摆至体后。

注意事项

跳跃时呼气或屏气，落地时吸气。

3 快速伸髋伸膝，双臂上摆，向上向前跳起。双脚落在踏板上，屈髋屈膝缓冲，双臂下摆至体后。回到起始姿势，完成规定的次数。

第2周

后蹬跑

训练目标 跑动的动作技能、爆发力 **训练部位** 全身

所需器材 无 **主要肌肉** 全身肌肉

POINT

该练习的目的是优化摆臂和摆腿，体会一侧脚蹬地和对侧腿前摆、送髋的感觉，以加大跑步时的步幅。全程一侧脚用力蹬地，对侧腿充分前摆；双臂跟随双腿节奏前后交替摆动。动作应流畅、连贯。

注意事项

全程保持均匀呼吸。

1 以站立式起跑姿势开始。一侧脚用力蹬地，对侧膝盖向上、向前摆（直至大腿与地面平行），使身体向前、向上跳起，在空中时，前腿呈90度弓步姿势，后腿用力蹬伸。在这个过程中，肩部放松，双臂屈曲，蹬地侧臂向前摆，对侧臂向后摆。落地后，换至对侧重复上述动作。双腿交替摆动为完成1次。重复规定的次数。

第2周

背身起跑

训练目标	快速反应、起跑
训练部位	全身
所需器材	胶布
主要肌肉	全身肌肉

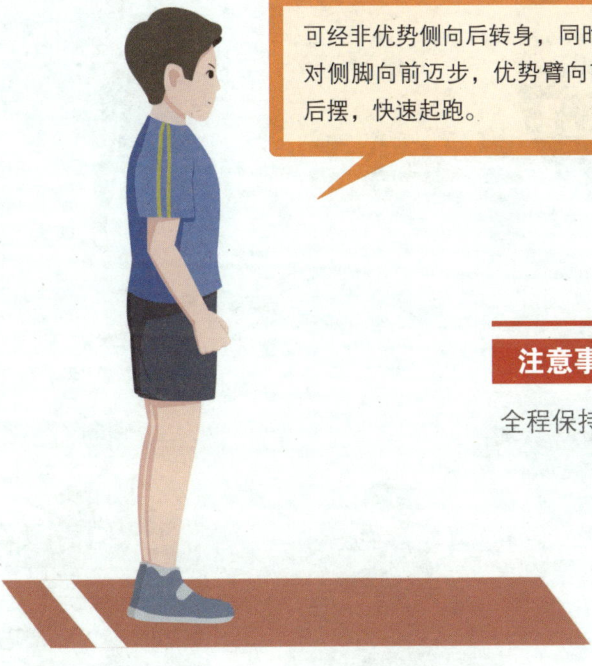

POINT

可经非优势侧向后转身，同时用优势脚蹬地，对侧脚向前迈步，优势臂向前摆，对侧臂向后摆，快速起跑。

注意事项

全程保持均匀呼吸。

1 用胶布标记起跑线和终点线。背对起跑线，自然站立于起跑线后。听到起跑信号后迅速向后转身，向终点线奔跑。到达终点线后回到起跑线。重复规定的次数。

3.3 第3周突击训练方案

1 ▶ 第 71 页

泡沫轴下肢放松

时长　6 分钟

组数　1

间歇　无

2 ▶ 第 42 页

摇篮抱膝

次数　8 次 / 侧

组数　2

间歇　30 秒～1 分钟

3 ▶ 第 112 页

纵向 – 毛毛虫爬行

次数　6 次

组数　2

间歇　1～1.5 分钟

4 ▶ 第 60 页

小步跑

次数　10 次

组数　2

间歇　1.5～2 分钟

5 ▶ 第 89 页

栏架纵向高抬腿

次数　5 次 / 侧

组数　2

间歇　2 分钟

1～3 → **4～8** → **9～10**

热身　跑动专门性练习与50米跑专项速度训练，以及放松跑。　整理

6 第76页

直腿军步走

次数 10次/侧
组数 3
间歇 1～1.5分钟

7 第78页

50米跑

次数 1次
组数 3～4
间歇 3分钟

8 第114页

70米跑（放松）

次数 1次
组数 2～3
间歇 3分钟

9 第115页

直腿－腓肠肌拉伸

时长 20秒/侧
组数 2～3
间歇 无

10 第91页

半跪姿股四头肌和髋屈肌拉伸

时长 20秒/侧
组数 2～3
间歇 无

第3周

纵向-毛毛虫爬行

训练目标	柔韧性、协调性、稳定性
训练部位	全身
所需器材	无
主要肌肉	竖脊肌、臀大肌、腘绳肌、腓肠肌、腹直肌、髂腰肌、股直肌

POINT

爬行过程中保持核心收紧、躯干稳定，身体不要左右晃动。

1 身体呈直立姿势，双脚间距与肩同宽，挺胸抬头，目视前方。

2 保持腹部收紧，屈髋俯身使双手着地，并保持双腿伸直，但不要锁死。保持双脚位置不变的同时，双手交替向前移动。

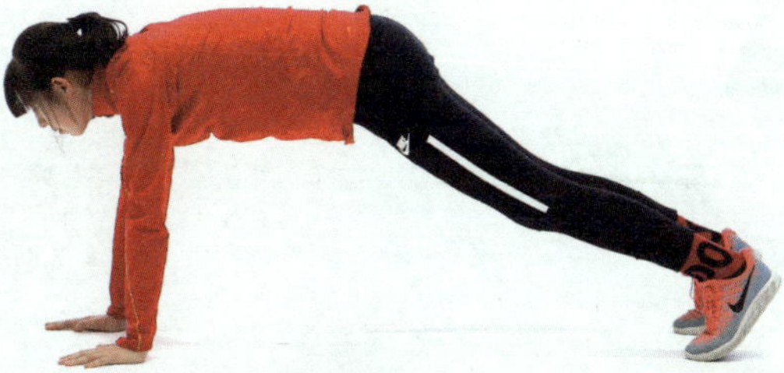

注意事项

全程保持均匀呼吸。

3 当身体打开，头部、躯干、双腿近乎呈一条直线时，挺胸抬头，使身体呈反弓形，并注意保持双腿不要着地。

4 保持双手位置不变，身体回到一条直线支撑位，双脚交替向前移动至靠近双手，使身体呈倒V字形。回到起始姿势，重复规定的距离或时间。

第3周

70米跑（放松）

训练目标	速度
训练部位	全身
所需器材	胶布
主要肌肉	全身肌肉

POINT

跑步过程中，注意双臂和双腿的摆动姿势，同时保持核心收紧，身体稳定。
冲过终点线之后再减速。

注意事项

全程保持均匀呼吸。

1 用胶布标记出起跑线和终点线（间距为70米）。以标准跑步姿势从起跑线放松跑至终点线。重复规定的次数。

第3周

直腿–腓肠肌拉伸

训练目标	柔韧性
训练部位	下肢
所需器材	瑜伽垫
主要肌肉	腓肠肌

POINT

支撑腿始终伸直，背部平直。

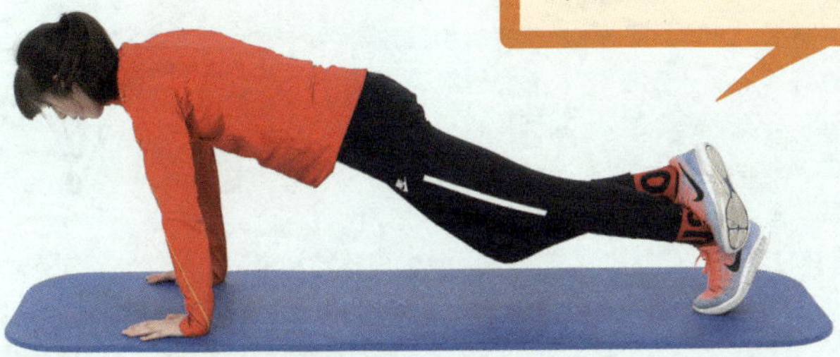

注意事项

全程保持均匀呼吸。

1 身体呈俯撑姿势，双手放于双肩正下方，一侧脚脚尖触垫支撑，另一侧脚叠放在支撑侧小腿后方。

2 腹部和臀部收紧，双手撑地，臀部向上向后抬起至躯干与支撑腿呈V字，直到小腿有牵拉感。保持该姿势至规定的时间，换对侧重复上述动作。

作者简介

王雄

清华大学运动人体科学硕士，体育教育训练学博士；副研究员；硕士生导师；国家体育总局训练局体能训练中心创建人、负责人；现任国家体育总局训练局体能训练中心主任；国家体育总局备战2012年伦敦奥运会身体功能训练团队召集人、中方总协调；备战2016年里约奥运会身体功能训练团队体能训练组组长；备战2020年东京奥运会体能训练保障营体能负责人；备战2024年巴黎奥运会体能专家组成员、召集人；为游泳、田径、举重、乒乓球、羽毛球、体操、跳水、排球、篮球和帆板等二十余支国家队提供过体能测评和训练指导服务；清华-长三角研究院特聘研究员，国家体育总局教练员学院特聘专家，中国体育科学学会体能训练分会常委，北京市体育科学学会体能分会副主任委员，北京市体育科学学会理事会理事；主编有《身体功能训练动作手册》及“儿童身体训练动作指导丛书”“青少年身体训练动作指导丛书”“身体功能训练动作指导丛书”等二十余部图书；译有《精准拉伸：疼痛消除和损伤预防的针对性练习》《体育运动中的功能性训练（第2版）》《NSCA-CSCS美国国家体能协会体能教练认证指南（第4版）》《儿童身体素质提升指导与实践（第2版）》《青少年力量训练：针对身体素质、健身和运动专项的动作练习和方案设计》《女性健身全书》《50岁之后的健身管理》《美国国家体能协会力量训练指南》《NASM-CES美国国家运动医学学会纠正性训练指南（修订版）》《执教的语言：动作教学中的科学与艺术》《游泳科学：优化水中运动表现的技术、体能、营养和康复指导》《跑步科学：优化跑者运动表现的技术、体能、营养和康复指导》等二十余部作品；在《体育科学》《中国体育科技》、*Journal of Sports Sciences*等中外期刊发表文章十余篇；研究方向包括：身体训练（专业体能和大众健身）、儿童青少年体育、健康促进工程等。

朱昌宇

武汉体育学院体育教育训练学硕士；国家体育总局训练局体能训练中心体能训练师；担任美国心脏协会（AHA）培训导师，获得美国国家运动医学学会纠正性训练专家（NASM-CES）、MJP青少年运动表现训练专家（MJP-CNDS）认证；中国国家田径队备战2020年东京奥运会、2022年尤金世锦赛、2023年布达佩斯世锦赛和2022年杭州亚运会跳远/三级跳远项目体能教练，中国国家男子青年篮球队备战2018年亚青赛和2019年世青赛体能教练，中国国家女子乒乓球队备战2017年杜塞尔多夫世乒赛体能教练组成员；2015年至2016年，担任广州市乒乓球队、击剑队、足球队、羽毛球队等队伍的体能教练；著有《人体运动彩色解剖图谱：肌肉爆发力训练》和《药球训练全书》，译有《美国国家体能协会篮球力量训练指南》。